Ulrich Schweizer

Gesund mit Rotwein

Das Plu

Die w
Für nden

Mit QuickInfo-Card

FALKEN

FALKEN HANDY

Prosit, Santé, Gesundheit

Seit jeher hat Wein in der Geschichte der Menschheit eine wichtige Rolle gespielt. Seine berauschende Kraft ist seit Jahrtausenden bekannt; er wurde als Gott verehrt, ob nun unter dem Namen Dionysos oder Bacchus, und man schrieb ihm wahre Zauberkräfte zu. Aber auch aus der christlichen Kirche ist er nicht wegzudenken. Erinnern wir uns nur an den Kelch beim Abendmahl: »Dies ist mein Blut …«

Schon der griechische Arzt und Begründer der abendländischen Heilkunst, Hippokrates, rühmte verdünnten Wein zur Behandlung von Kopfschmerzen, Verdauungsstörungen, Ischiasschmerzen und Wassersucht. Und der Philosoph Plato pries den Wein mit folgenden Worten: »Nichts Besseres oder Wertvolleres wurde der Menschheit je von Gott zum Geschenk gemacht.«
Jahrhundertelang war Wein das meistbenutzte Lösungsmittel für pflanzliche Heilsubstanzen: Beinahe jedes Heilkraut wurde in Wein gekocht oder eingelegt. Offen bleibt dabei die Frage, ob nun der Wein mit seinem Wohlgeschmack eine bittere Arznei übertönen sollte, oder ob ein Zusatz einem dünnen, säuerlichen Tröpfchen geschmacklich auf die Beine helfen sollte …
Der römische Feldherr Julius Caesar verschrieb seinen Soldaten eine tägliche Ration, nicht nur, um ihren Kampfesmut zu stärken, sondern auch, um sie vor Darminfektionen zu bewahren. Zur Zeit der Kreuzzüge erzielten arabische Ärzte mit Rotwein-

verbänden große Heilerfolge. Seeleute schützten sich auf ihren monatelangen Fahrten mit Wein vor der gefährlichen Mangelkrankheit Skorbut.

Nein, trotz dieser »medizinischen« Vergangenheit ist Wein heute kein Medikament zur Behandlung von diagnostizierten Krankheiten mehr. Anders sieht es dagegen bei der Prophylaxe, der Vorbeugung, aus. Die medizinische Forschung hat interessante Zusammenhänge zwischen Weinkonsum und Herz-Kreislauf-Krankheiten entdeckt: Wer mäßig Rotwein trinkt, ist weniger herzinfarktgefährdet.
So gesehen haben die Wünsche, mit denen wir auf unsere Gesundheit anstoßen, uns zuprosten, vielleicht doch einen tieferen Sinn, als wir zunächst denken.
Dieses Bändchen will eine Anleitung zu maßvollem, vernünftigem, verantwortungsbewusstem, kurz »gesundem« Rotweingenuss sein. In diesem Sinne: »Auf Ihr Wohl!«

Wer darf Wein trinken?

*»Rotwein ist für alte Knaben
eine von den besten Gaben.«*

Dieser Vers aus dem 4. Kapitel der Bildergeschichte »Tobias Knopp« von Wilhelm Busch wird oft und gern zitiert. Inwieweit ist der berühmte Satz des großen deutschen Humoristen aber heute noch ernst zu nehmen? Bei der Beantwortung dieser Frage werden im Folgenden die neuesten Erkenntnisse statistischer Untersuchungen und die Ergebnisse der medizinischen Laborforschung berücksichtigt. Zunächst aber grundsätzlich gefragt: Für wen ist Wein bekömmlich?

Kein Alkohol für Schwangere und Kinder!

Wegen des darin enthaltenen Alkohols ist Wein schädlich für Kinder. Besonders gilt dies für die ersten Monate des Lebens, das heißt für das ungeborene Baby. Werdende Mütter sollten deswegen auf Alkohol in jeder Form grundsätzlich verzichten. Auch für Kleinkinder ist Wein gesundheitsschädlich: Ihre Leber ist noch nicht für den Abbau von Alkohol bereit, und das Gehirn eines Kindes reagiert viel empfindlicher auf Alkohol als das eines Erwachsenen. Kleine Kinder also nicht regelmäßig am Glas der Eltern nippen lassen oder ihnen das Austrinken der Gläser erlauben.

Jugendliche

Wo sollten Jugendliche und Heranwachsende einen vernünftigen Umgang mit alkoholischen Getränken lernen, wenn nicht bei Erwachsenen? Versuchen Sie zu verhindern, dass Ihre Tochter oder Ihr Sohn die ersten Erfahrungen mit Alkohol unbeobachtet allein oder in einer Clique macht. Besonders heimtückisch sind die so genannten »Alcopops«, stark gezuckerte Frucht-Mixgetränke mit ca. 5 Volumenprozent Alkohol, die es fix und fertig zu kaufen gibt.

Straßenverkehr

Vielen Weinfreunden geht vielleicht der Grundsatz »Wer fährt, trinkt nicht, wer trinkt, fährt nicht« zu weit – aber er sorgt für Sicherheit auf der Straße und erspart jede Promille-Spekulation, das Zittern bei einer nächtlichen Polizeikontrolle und das Bangen um den Führerschein. Jedenfalls immer lieber ein Gläschen weniger zur Brust nehmen, als man sich eigentlich zutrauen würde …

Medikamente

Wer Medikamente einnehmen muss, sollte einen Arzt konsultieren, ob und wie diese sich mit Alkohol vertragen. Je nachdem muss man für die Dauer der Therapie abstinent leben.
Auf den Konsum von Alkohol generell verzichten muss auch, wer suchtgefährdet ist oder an einer chronischen oder akuten Erkrankung der Leber oder der Bauchspeicheldrüse leidet.

Wein und gesunde Ernährung

Franzosen leben länger – weshalb?

Ein Vergleich der Länderstatistiken hat etwas Seltsames aufgezeigt: Französinnen und Franzosen haben eine rund zweieinhalb Jahre höhere Lebenserwartung (76,5 Jahre gegenüber 74 Jahren) und leiden im Schnitt weniger häufig an Herz-Kreislauf-Krankheiten als Amerikanerinnen und Amerikaner, und die Sterblichkeitsrate an Herz-Kreislauf-Krankheiten liegt wesentlich tiefer. Das Paradoxe daran ist: In Frankreich isst man keineswegs fettarm oder »cholesterinbewusst«, und weder Aerobic noch Jogging gehören zum nationalen Freizeitprogramm! Was ist die Erklärung für dieses so genannte »Französische Paradox«?

»Weinkonsum schützt vor Herzinfarkt«

Noch vor weniger als zehn Jahren galt Wein bei den amerikanischen Gesundheitsbehörden als geradezu gesundheitsschädliches Getränk. Man erwog gar die Anbringung eines Hinweises auf dem Etikett, der analog zum Aufdruck auf Zigarettenpackungen vor den Risiken des Konsums warnen sollte.
Da löste die von dem TV-Journalisten Morley Safer moderierte Fernsehsendung »60 minutes« am 17. November 1991 einen regelrechten »Erdrutsch«

aus: Der Rotweinkonsum der Amerikaner stiegt beinahe auf das Doppelte. Weshalb?
In der Sendung hatte der französische Arzt Dr. Serge Renaud die Hypothese aufgestellt, der maßvolle, regelmäßige Weinkonsum in Frankreich könnte der Grund für das oben erwähnte »Französische Paradox« sein. Die vielen in der Zwischenzeit angestellten Untersuchungen scheinen in der Tat zu belegen, dass einige Inhaltsstoffe insbesondere des Rotweins das Risiko, ein Herz-Kreislauf-Krankheit-Patient zu werden, vermindern.

Bekannte Risiko- und Schutzfaktoren

In einer 1992 an der Harvard University durchgeführten Studie wurden zweihundert weltweit veröffentlichte Untersuchungen hinsichtlich Herz-Risikofaktoren und Herz-Schutzfaktoren ausgewertet. Resultat: Rauchen, hoher Blutdruck und ein hoher Cholesterinspiegel sind die bekanntesten und wichtigsten Risikofaktoren. Insgesamt sind aber über 300 solcher Faktoren bekannt, auch solche, die sich überhaupt nicht beeinflussen lassen wie z.B. familiäre Veranlagung oder Geschlechtszugehörigkeit. Aus den Studien geht hervor: Moderater Weinkonsum senkt im Durchschnitt das Herzinfarktrisiko um 25 bis 40 Prozent.

Bestätigung aus Dänemark

Am 5. November 1995 doppelte die Sendung »60 minutes« nach: »Vor vier Jahren haben wir hier über das so genannte Französische Paradox berichtet. Trotz ihrer üppigen Essgewohnheiten haben die Franzosen weniger Herzinfarkte als die Amerikaner. Ein Grund dafür könnte ihr Weinkonsum sein. Die gute Nachricht für jene unter Ihnen, die gerne ein Glas oder zwei zum Essen haben: Die Wissenschaftler haben ihre Meinung nicht geändert. Im Gegenteil: 1991 sagte Dr. Curt Ellison von der Boston University, eine halbe Flasche, zu den Mahlzeiten langsam eingenommen, könnte das Herz schützen, indem sie die Blutplättchen weniger klebrig mache, und Dr. Serge Renaud meinte, nichts sei bei der Herzinfarktprävention so wirksam wie die maßvolle Einnahme von Alkohol. – Aus Kopenhagen kommt jetzt die wichtigste Untersuchung, die Copenhagen City Heart Study. Sie werden über die Aussage des Leiters dieser Studie, Dr. Morten Grønbæk, staunen: ›Gegenüber Weintrinkern haben Abstinenzler ein doppelt so hohes Sterberisiko.‹ «

Die Macht des Fernsehens

Die Geschichte vom Französischen Paradox zeigt auch auf, wie weit der Einfluss des Fernsehens reicht: Nicht einmal zwei Monate nach dieser TV-Sendung, im Januar 1996, formulierten die offiziellen Ernährungsrichtlinien der amerikanischen Regierung: Mäßiger Alkoholkonsum »ist mit einem tieferen Risiko, an Herz-Kreislauf-Krankheiten zu erkranken, verbunden«.

Philip Lee, der Sekretär des amerikanischen Gesundheitsministeriums, erklärte in einer Pressekonferenz: »Ich bin davon überzeugt, dass der moderate Konsum von Wein zum Essen für die Gesundheit von Vorteil ist.«

Wer lebt gesünder: Weißwein- oder Rotweintrinker?

Ein Blick in die französischen Statistiken zeigt, dass Herz-Kreislauf-Krankheiten in den Weinbaugebieten weniger häufig sind als in anderen Regionen. Und innerhalb der Weinregionen sind sie im Elsass häufiger als in Südfrankreich. Das könnte zum einen seinen Grund darin haben, dass das Elsass ein klassisches Weißweingebiet ist, während im Süden seit je mehr Rotwein angebaut wird – darüber hinaus liegt die Erklärung vielleicht in der grundsätzlich verschiedenen Kost: Straßburger Gänseleberpastete hier – Salade Niçoise, Ratatouille und Bouillabaisse da. Die gesunde Küche des französischen Südens ist zum Begriff geworden.

Mittelmeer-Diät

Die Liste von Ernährungs-Ratschlägen der Harvard University orientiert sich an der Mittelmeer-Küche. Sie basiert zur Hauptsache auf Kohlehydraten, viel frischen Früchten und Gemüse; dazu Knoblauch und frische Gewürze, Rotwein, Fisch und etwas Fleisch, einfach gesättigte Fettsäuren (Olivenöl).

Sterblichkeit, statistisch gesehen

Unser Leben ist täglich in Gefahr. Aber manche leben gefährlicher als andere. Will man herauszufinden, welche Gewohnheiten das Leben stärker gefährden, so untersucht man das Leben einer Zahl von Menschen, von denen die einen eine bestimmte Lebensgewohnheit haben, die anderen, die so genannte Kontrollgruppe, nicht.

Ein klassisches Beispiel:
(die Zahlen sind erfunden)

1000 Menschen werden 10 Jahre lang beobachtet. 500 von ihnen sind Raucher, 500 Nichtraucher. Während dieser Zeit erkranken 55 Menschen an Krebs; 50 davon gehören der ersten Gruppe an, 5 der zweiten. Das Risiko für die Angehörigen der ersten Gruppe, im Laufe der Untersuchungszeit von 10 Jahren an Krebs zu erkranken, liegt damit bei 10 %, für die Angehörigen der zweiten Gruppe lediglich bei 1 %, also im Vergleich zu ersten Gruppe zehnmal niedriger. Dieses »Risiko der einen im Vergleich zur anderen Gruppe« nennt man Relatives Risiko. Das Relative Risiko der ersten Gruppe, an Krebs zu erkranken, ist zehnmal (d. h. um 1000 %) höher. – Gibt man dem Relativen Risiko von Abstinenten, an Herzinfarkt zu sterben, den Wert 1, so haben mäßige Weinkonsumenten im Vergleich dazu je nach Untersuchung ein Relatives Risiko von 0,7 bis 0,6 – d. h. ein um 30 bis 40 % verringertes Relatives Risiko.

Üblicherweise werden statistische Zusammenhänge als Kurven dargestellt. Auf dem waagerechten Pfeil, der so genannten x-Achse, trägt man z. B. den täglichen Weinkonsum der untersuchten Personen ein, auf der Senkrechten (y-Achse) die Häufigkeit eines Todes durch Herz-Kreislauf-Krankheit. Die Kurve einer Untersuchung aus Italien (Farchi) verläuft zunächst wie ein U, sie ist eine nach oben geöffnete Parabel: bis zu maximal 6 Gläsern Wein am Tag verringert sich das Risiko, an einer Herz-Kreislauf-Krankheit zu sterben, um 40 %. Aber Vorsicht: Bei höherem Konsum geht die Schutzwirkung verloren, das U wird zum J. Das heißt, maßlose Trinker laufen ein höheres Risiko, einen Herzinfarkt zu erleiden, als Abstinente. In den letzten Jahren sind rund dreißig solcher Untersuchungen durchgeführt worden; mit zwei Ausnahmen stimmen sie in der Aussage überein, dass maßvoller Alkoholkonsum im Vergleich zu Abstinenz das Risiko eines Herzinfarkts verringert.

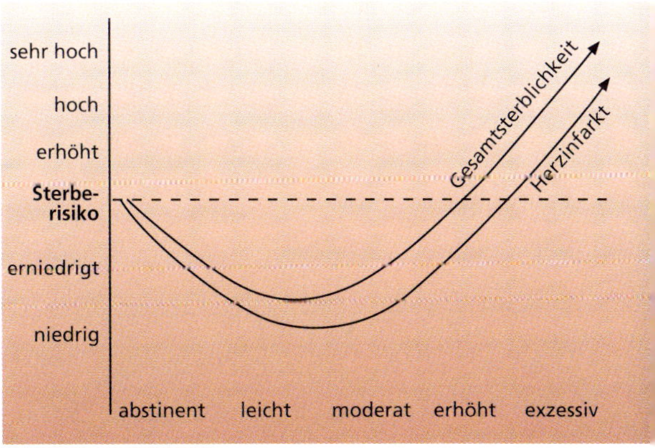

Alkoholkonsum, Quelle nach St. Leger

Einige medizinische Begriffe

In der aktuellen Diskussion um die prophylaktischen (vorbeugenden) Eigenschaften des Rotweins kursieren einige medizinische Begriffe. Wir wollen sie im Folgenden vorstellen und erläutern.

Herzinfarkt

Der Herzinfarkt oder Myokardinfarkt ist eine meist schlagartig einsetzende Leistungsbeeinträchtigung des Herzens wegen einer Durchblutungsstörung der Herzkranzgefäße (Koronarthrombose) und wird von heftigsten Schmerzen unter dem Brustbein begleitet. Am häufigsten wird er durch einen Thrombus, ein Gerinnsel aus Blutplättchen, ausgelöst, das ein haarfeines Blutgefäß (Kapillargefäß) verstopft. Dann wird ein Teil des Herzmuskels nicht mehr mit Sauerstoff versorgt. Der Herzinfarkt entsteht nie aus einer einzigen Ursache heraus, sondern stets aus einem ganzen Bündel so genannter Risikofaktoren wie familiärer Veranlagung, Rauchen, Übergewicht, Bluthochdruck und hohem Cholesterinspiegel und vielen anderen mehr.

»Jeder Zweite stirbt an einer Herz-Kreislauf-Krankheit«

Zugegeben, auf ersten Blick eine erschreckende Nachricht. Doch man kann sie auch anders interpretieren: Sie besagt nämlich auch, dass die Men-

schen heute ein so hohes Alter erreichen, bis ein altersbedingter Herzschlag ihrem Leben ein Ende setzt. Das war nicht immer so: Die durchschnittliche Lebenserwartung lag in früheren Jahrhunderten bei 40 Jahren oder tiefer, und noch in den zwanziger Jahren betrug sie erst etwa 55 Jahre. Viele Menschen starben sehr jung an Infektionskrankheiten oder fielen im Krieg, lange bevor sie Opfer eines Herzversagens werden konnten. Wer heute nicht tödlich verunfallt und von Krebs, der anderen großen Todesursache in den Industrieländern, verschont bleibt, kann sich seines Lebens so lange freuen, bis ihm ein Herzinfarkt auflauert.
Was man erforschen und durch Vorbeugung auszuschalten suchen soll, sind jene Risikofaktoren, die zu einem *verfrühten* Tod durch Herzinfarkt führen.

Hirnschlag oder Schlaganfall

Beim so genannten »thrombotischen Hirninfarkt« verstopft ein Blutgerinnsel ein Kapillargefäß und schneidet damit einen Teil des Gehirns von der Sauerstoffversorgung ab. Beim »hämorrhagischen Hirninfarkt« platzt dagegen ein Blutgefäß, was zu einer Gehirnblutung führt. Vorsicht: Das Risiko, an einer Gehirnblutung zu sterben, wird durch übermäßigen Alkoholkonsum vergrößert!

Das »gute« und das »böse« Cholesterin

Das »gute Cholesterin«, die so genannten High-Density-Lipoproteine (HDL), gilt als Schutzfaktor

gegen Arterienverkalkung. Besonders reichlich sind sie in Fischfett enthalten. Gute Nachricht für Weinfreunde: Erhöhte HDL-Spiegel sind bei Personen mit maßvollem Weinkonsum nachweisbar. (Untersuchungen von Seigneur 1990, Lavy 1994)
Das »böse Cholesterin«, die Low-Density-Lipoproteine (*LDL*), erhöht dagegen die Gefahr der → Arterienverkalkung. Die Oxidation von LDL (durch → Freie Radikale) ist eine Vorstufe zur Entstehung einer Gefäßverengung oder arteriellen Plaque. Die antioxidierende Wirkung von → Epicatechin und → Quercetin konnte in Laboruntersuchungen experimentell nachgewiesen werden. Maßvoller Weinkonsum kann den LDL-Spiegel senken (Untersuchungen von Lavy 1994, Sharpe 1995).

Arterienverkalkung oder Atherosklerose

Verhärtung der Blutgefäße durch Kalk- und Fetteinlagerungen in die Gefäßwände. Bei diesem Vorgang kommt dem → LDL-Cholesterin eine besondere Bedeutung zu: Cholesterinablagerungen führen zur Bildung von Atheromen, entzündlichen Herden, in denen sich Blutbestandteile, Fettstoffe, Stoffwechselprodukte und Kalkverbindungen ablagern. Es bilden sich so genannte Plaques, flächige Verkalkungen; dadurch wird die Gefäßwand härter und verengt sich, der Blutdruck steigt. Die Arterie verliert ihre Elastizität und kann den Bluttransport vom Herzen in die einzelnen Körperteile weniger gut sicherstellen. Die sklerotische Veränderung der Gefäße wird durch die »moderne Lebensweise« begünstigt. Wir essen zu viel, zu fett und zu eiweißlastig. Übergewicht, Bewegungsmangel und Rauchen, Dauerstress und zu wenig Schlaf gehören zu den Risikofaktoren. Die Erkrankung ist in den meisten Fällen ein Resultat mehrerer Risikofaktoren.

»Freie Radikale«

Der Name klingt gefährlich – man denkt an eine politische Gruppierung, die vor nichts zurückschreckt. Mediziner verstehen darunter womöglich noch Gefährlicheres: unstabile Moleküle, die bei chemischen Reaktionen im Körper als Stoffwechsel-Zwischenprodukt entstehen und Sauerstoffatome mit ungebundenen, eben »freien« Enden enthalten. Auf der Suche nach »Opfern«, nach Molekülen, mit denen ihre freien Sauerstoffatome eine Verbindung eingehen (oxidieren) können, schwirren sie durch den Körper. Bei einer chemischen Reaktion können Zellwände zerstört werden oder Zellen zur Selbstzerstörung getrieben werden (allgemeiner Alterungsprozess, Krebs), denn Sauerstoff ist ein äußerst aggressives Element; er ist z.B. schuld daran, dass unser Wagen rostet. Wenn Freie Radikale mit → LDL oxidieren, bildet sich an der Innenwandung eines Blutgefäßes eine so genannte arterielle Plaque. Um diesen Vorgang zu veranschauliche und beim Rost zu bleiben: Das ist damit vergleichbar, wenn in einem Gebäude die Wasserleitungen rosten.
Substanzen, die Freie Radikale »einfangen« und an sich binden, so genannte Antioxidantien, sind die Vitamine der B-Gruppe, die Vitamine C und E, Aminosäuren, einige Metallionen – und die → Polyphenole, wie sie als Tannine im Rotwein gelöst sind.

Wein – etwas fürs Herz

Wissenschaftlich erhärtet

Der englische Arzt Dr. Selwyn St. Leger stieß 1979 in einer statistischen Untersuchung von 18 westlichen Industrieländern als Erster darauf, dass mäßiger Weinkonsum die Wahrscheinlichkeit, an Herzinfarkt zu sterben, senkt. 1994 wiederholte Michael Criqui an der San Diego University die Untersuchungen von St. Leger. Die Resultate bestätigten dessen Erkenntnisse und wurden in der angesehenen Fachzeitschrift The Lancet veröffentlicht.
Eine andere Untersuchung (Criqui und Ringel) stellte fest, dass Wein neben Früchten eines der wenigen Lebensmittel ist, die statistisch gesehen mit einer reduzierten Herz-Kreislauf-Sterblichkeit zusammenhängen. Die Untersuchung mit den bisher schlüssigsten Ergebnissen kommt, wie bereits erwähnt, aus Dänemark. Morten Grønbæk hatte im Auftrag des dänischen Gesundheitsministeriums während zwölf Jahren 13 000 Frauen und Männer im Alter von 30 bis 79 Jahren untersucht. Die Resultate der Copenhagen City Heart Study zeigen auf, dass bei Menschen mit einem täglichen Konsum

von bis zu maximal 0,6 Liter Wein die Wahrscheinlichkeit, an Herzinfarkt zu sterben, um beinahe 60 % tiefer liegt als bei Menschen, die keinen Wein trinken. Diese Studien werden in jüngster Zeit auch durch die medizinische Laborforschung bestätigt.

Was im Wein alles steckt

Zu 10 bis 14 % besteht Wein zwar aus Alkohol, zu 85 bis 90 % aus biologisch hochwertigem Wasser. Zwischen den Alkohol- und Wassermolekülen gelöst enthält er eine ungeheuer große Zahl von Inhaltsstoffen. Hunderte hat man bisher identifiziert, einige von ihnen haben erst in letzter Zeit größere Bekannheit erreicht. Eine im Zusammenhang mit der Prävention (Vorbeugung) von Herz-Kreislauf-Krankheiten besonders wichtige Gruppe soll hier in einer Übersicht vorgestellt werden:

Die Polyphenole

Das ist der Sammelname für die Farb- und Gerbstoffe (Pigmente und Tannine), die dem Rotwein seine Farbe geben und ihn adstringierend und manchmal leicht bitter schmecken lassen. Sie stammen aus den Beerenschalen, den Kernen und den Kämmen. Ein im Fass ausgebauter Wein nimmt zudem auch aus dem Holz Polyphenole auf. Je dicker die Beerenschalen einer bestimmten Rebsorte und eines bestimmten Jahrgangs sind, je länger der Most bei der Gärung an der Maische liegen bleibt, desto mehr Farb- und Gerbstoffe enthält ein Rotwein. Daher lässt sich der Polyphenolgehalt zwar für einen einzelnen Wein exakt messen, innerhalb einer Gruppe von Weinen aus demselben Gebiet oder derselben Rebsorte oder von Jahrgang zu Jahrgang kann er aber stark schwanken.

Der günstige Einfluss der Polyphenole auf die Verhinderung von Blutgerinnseln wurde in zahlreichen Untersuchen beschrieben: Die Polyphenole bewirken mithilfe von Stickstoffoxiden eine Gefäßerweiterung und ermöglichen so eine bessere Blutzirkulation und Versorgung z. B. der Herzmuskulatur (Fitzpatrick, 1993, Andriambelson 1997) und wirken mit ihren entzündungs- und thrombosehemmenden Eigenschaften vorbeugend gegen Herz-Kreislauf-Krankheiten.

Die im Rotwein gelösten Polyphenole wirken zudem als Antioxidantien, d. h. sie können mit ihren OH-Gruppen (Wasserstoff-Sauerstoff-Gruppen) → Freie Radikale chemisch an sich binden und so neutralisieren (der englische Fachausdruck dafür heißt scavenging, »aufwischen«).

Der gesamte Polyphenolgehalt beträgt je nachdem 150–300 mg pro Liter Weißwein und etwa das Zehnfache, also rund 1 bis 3 g pro Liter Rotwein (vgl. QuickInfo-Card). Als hochwirksame Antioxidantien bestimmen sie das Alterungspotenzial eines Weins. Das heißt: Je höher der Tanningehalt, desto länger lässt sich ein Wein lagern.

Zu den Polyphenolen gehören die Flavonoide. Sie sind, wie die Karotine, pflanzliche Farbstoffe. Flavonoide schützen eine Pflanze gegen Pilzbefall, Bakterien, Insektenfraß und Zellzerstörung durch Oxidation. »Flavonoide machen so ziemlich alles, außer den Küchenboden zu schrubben«, fasste ein amerikanischer Krebsforscher von der American Association for Cancer Research 1997 in leichter

Übertreibung zusammen. Auch die prächtigen Blütenfarben, durch die Bienen angelockt werden, sind Flavonoide. Sie kommen in Früchten, Gemüse, Getreide, Nüssen, Blumen, und Baumrinden vor.
Zu den besten Lieferanten von Flavonoiden für den Menschen gehören Wein, insbesondere Rotwein, Grüner Tee, Äpfel, Soja und Zwiebeln.
Ein in den Häuten von Rotweinbeeren vorkommendes Polyphenol ist Resveratrol. Es kommt nur in Wein vor, der lange Zeit an der Maische lag. Resveratrol verhindert nachgewiesenermaßen die Verklumpung von Blutplättchen und wirkt so der Thrombosegefahr entgegen (Untersuchungen von Giovannini 1995, Blache 1996).
Resveratrol wirkt auch hemmend auf die wichtigsten Stadien der Krebsentstehung (Jang 1997).
Wie Resveratrol hemmt auch Quercetin die Thrombose, die Verklumpung der Blutplättchen. Die höchste Konzentration von Quercetin findet sich in Knoblauch und anderen Zwiebelgewächsen. Beim Wein hängt der Quercetingehalt stark von der Sonneneinwirkung ab: Wein aus sonnigeren Gebieten oder Jahren enthält mehr Quercetin. Bei der Verdauung wird Quercetin am besten in einer alkoholischen Lösung aufgenommen. Das erklärt, warum man z. B. mehr Traubensaft trinken muss als Rotwein, um dieselbe Menge Quercetin aufzunehmen. Zugleich ist es eine wissenschaftliche Erklärung dafür, warum die Mittelmeer-Diät so gesund ist: Knoblauch und sonnengereifter Rotwein …
Dazu enthält Rotwein Catechin und Epicatechin, die beide ebenfalls als Antioxidantien wirken. Catechin hindert darüber hinaus Blutplättchen an der Thrombusbildung, Epicatechin wirkt krebshemmend.

Wie kommen die Polyphenole in den Wein?

Isst man eine Frucht mitsamt der Schale, nimmt man alle man in ihr enthaltenen Polyphenole ein. Ob sie allerdings auch restlos aufgenommen, resorbiert werden, ist eine andere Frage, denn der im Wein gelöste Alkohol kann bei der Resorbtion helfen; beim Quercetin ist dies erwiesen.
Im Vergleich zu Fruchtsäften enthält Wein übrigens viel mehr Polyphenole. Das erstaunt nicht besonders, stecken diese Stoffe doch bei allen Früchten zur Hauptsache in den Schalen und Häuten oder in der unmittelbar darunter liegenden Farbschicht. Und die Schalen bleiben bei der Herstellung von Wein länger im Kontakt mit dem Most (Maischegärung!) als beim Pressen von Fruchtsäften.

Ärztestimmen zum Thema

»Verringert die Blutfettwerte«

Der Präventiv-Mediziner Dr. med. Felix Gutzwiller, Zürich, gibt in einem Zeitungsinterview als persönlichen Weinkonsum zwei bis drei Gläser an, »fast jeden Tag«. Auf die Frage, was am Wein denn gesund sei, fasst er zusammen: »Wein kann Herz- und Kreislaufleiden reduzieren. Und zwar, weil er drei Wirkungen hat: Er verringert die Blutfettwerte, er enthält Vitamine und Gerbstoffe und er wirkt sich positiv aus auf den Blutfluss.« Allerdigs warnt er: »Wein ist nichts für Kinder. Denn durch Weintrinken gewöhnen sich Kinder an ein Mittel, das bewusstseinsverändernd wirkt. Das bedeutet im Klartext: Gefahr der Alkoholabhängigkeit.«

Im Internet sind die Beiträge in englischer Sprache (aus Amerika, England und Australien) zum Thema Rotwein natürlich am zahlreichsten, aber es gibt auch deutsche Wortmeldungen:

»Segensreiche Wirkung«

»Womöglich sind es die Begleit- und Geschmacksstoffe, die für die postiven Wirkungen verantwortlich zeichnen. Der Alkohol dient dabei als Lösungsvermittler und Synergist. Insbesondere Wein scheint eine segensreiche Wirkung auf die Herz-Kreislauf-Krankheit-Häufigkeit und Sterblichkeit zu haben und z.B. das LDL-Cholesterin zu senken. Jedoch gilt hier wie bei allen Nahrungsgewohnheiten und Lebensmitteln: Pauschale Ratschläge sind fehl am Platz. Der einzelne Mensch unterscheidet sich in seinem Stoffwechsel derart von anderen, dass generelle Trinkempfehlungen individuell unzuträglich sein können. *Dr. med. Peter Porz*

»Gut für die Herzkranzgefäße«

»Der mäßige Genuss von Wein, insbesondere von Rotwein, ist gut für die Herzkranzgefäße und erhöht nachweislich die Lebenserwartung (Beispiel Südländer!). Rotwein senkt die Blutfettwerte, also den Cholesterinspiegel. Man hat festgestellt, dass die Adern alter französischer Weinbauern sich in beneidenswert jugendlichem Zustand befanden. Aber bei Prost oder Santé bitte an das Viertele denken, und mehr nicht pro Stunde. Mehr wäre dann auch wieder schädlich.« *Dr. med. Günter Gerhardt*

Die wichtigsten Rotwein-Rebsorten

Cabernet Sauvignon

Die Traditionssorte wird in aller Welt geschätzt und angebaut. Ihre Heimat ist Bordeaux, hier galt sie schon vor mehr als zweihundert Jahren als die »Traube ohne Makel«. Das ist sie heute noch überall, wenn sie im Ertrag eingeschränkt wird, doch ein unreifer Cabernet ist kein Vergnügen, und auch junger, guter Cabernet lässt zunächst seine Qualität nicht klar erkennen. Die Weine sind oft hart, gerbstoffbetont und abweisend; erst mit den Jahren entfalten sie ihre Klasse. Bei den großen Weinen aus Bordeaux ist Cabernet Sauvignon der bewährte Partner für den weicheren, eleganteren Merlot.

Cabernet Franc

Die Sorte steht im Schatten der berühmteren Schwester. Sie ergibt hellere, leichtere, weniger tanninhaltige Weine mit Himbeer- und Zedernholzduft und wächst in St-Emilion und an der Loire.

Cinsault, Cinsaut

Die Sorte wird in Südfrankreich, Korsika und in Nordafrika (Algerien, Marokko) angebaut, aber fast nie reinsortig gekeltert, sondern oft mit Mourvèdre oder Grenache verschnitten. Mit ihrem an Lack erinnernden Aroma sorgt sie für Duft und Frucht. Auch zur Kelterung von Roséwein geeignet.

Corvina

Wird in Nordostitalien angebaut und ergibt einerseits leichte, fruchtige Rotweine mit typischer Mandelnote wie Valpolicella oder Bardolino – andererseits aus getrockneten Beeren den tiefdunklen, schweren, hochkonzentrierten Amarone.

Gamay

Die klassische Beaujolais-Traube ist immer in Eile: Sie treibt früh aus, blüht früh und reift früh. Auch bei der Kelterung geht alles sehr rasch, der Beaujolais Nouveau kommt am 15. November, bereits wenige Wochen nach der Lese, auf den Markt. Die Weine, sollten kühl getrunken werden. Sie bestechen durch frisches Hellrot mit deutlichen Violettönen; in der Nase erinnern sie an Erdbeere und Bananen; am Gaumen sind sie frisch und fruchtig und enthalten wenig Tannin.

Grenache (Garnacha, Cannonau)

Grenache ist die Basissorte des Châteauneuf-du-Pape. Sie wird generell hauptsächlich zu Verschnitten (in Spanien als Garnacha mit Tempranillo) gebraucht und fast nur in Sardinien (als Cannonau) sortenrein gekeltert. Helles bis dunkles Rot; rustikaler Wein, oft mit mehr als einer Spur Süße.

Lagrein

Klassische Südtiroler Sorte. Kann bei strikter Ertragsbegrenzung charaktervollen, samtigen Rotwein (Lagrein dunkel) sowie duftigen Rosé (Lagrein Kretzer) ergeben.

Merlot

Ergibt sortenrein gekeltert füllige, fruchtige, üppige, pflaumenwürzige Weine. Berühmtestes Beispiel: Pétrus in Pomerol, einer der allerteuersten Rotweine. In Bordeaux klassischer Verschnittpartner der strengeren Cabernet Sauvignon und Cabernet Franc.

Mourvèdre (Monastrell, Mataro)

Die ursprünglich spanische Sorte Monastrell erlebt heute in der Provence als Mourvèdre eine Renaissance. Ihre dickschaligen Beeren ergeben im Duft an Brombeeren erinnernde, schwere und tanninreiche Weine.

Nebbiolo

Die anspruchsvolle Sorte wird in Italien (Piemont, Veltlin) angebaut und ergibt langlebige Weine mit Kirschennote, Röstaromen; kräftig im Geschmack, fast bitter, hoher Tannin- und Säuregehalt.

Pinot Noir (Blauburgunder, Spätburgunder)

Die weltweit verbreitete Sorte war in ihrer Heimat Burgund schon vor mehr als 1500 Jahren bekannt, heute wird sie in allen Kontinenten angebaut. Besonders wichtig für die Qualität ist das Klonenmaterial; die reichtragenden Varianten liefern nicht den besseren Wein. Die besten deutschen Spätburgunder wachsen in der Pfalz und im Rheingau, in Baden und am Main; in der Schweiz ist das Wallis bekannt für seinen Pinot Noir und Dôle (min. 51 % Pinot Noir, Rest Gamay), die Ostschweiz für ihren

Blauburgunder. Ein gelungener Burgunder präsentiert sich samtig, weich und elegant auf der Zunge.

Pinotage

Südafrikas Beitrag zu den großen Rotwein-Rebsorten der Welt: Die Kreuzung aus Pinot Noir und Cinsaut (am Kap fälschlicherweise «Hermitage» genannt) stammt aus dem Jahr 1925. Die dunkelroten Weine erinnern in der Nase deutlich an Lack; der hohe Säure- und Zuckergehalt der Trauben gibt den Weinen große Fülle und ausdrucksreiche Frucht.

Sangiovese (Sangioveto Grosso)

Wird in der Toskana angebaut. Die Hauptsorte für Chianti ergibt sortenrein gekeltert konzentriertere, teerige Weine, die an Nebbiolo erinnern.

Syrah (Shiraz, Hermitage)

Ob die edle Sorte ihren Stammbaum tatsächlich über Jahrtausende bis in die Stadt Shiraz in Persien zurück verfolgen kann, ist ungewiss. Sicher ist jedoch, das sie daran ist, vom Rhonetal aus Ableger in der ganzen Welt zu bilden: So ist sie unter dem Namen Shiraz die häufigste Sorte in Australien neben Cabernet Sauvignon. Dunkelpurpurrot, pfeffrig und mineralisch in der Nase, Aroma von Johannisbeeren, adstringierend und rauchig im Geschmack.

Tempranillo

Spaniens Antwort auf Cabernet Sauvignon hat viele Namen: Je nach Gegend heißt sie auch Cencibel,

Ull de Llebre, Tinta Roriz, Tinta Aragonez. Die früh reifenden, dickschaligen Beeren ergeben dunkle, langlebige Weine mit Tabak- und Gewürznoten.

Trollinger

Die Sorte stammt wohl aus Südtirol, ihr Name lässt sich von »Tirolinger« ableiten. Dort heißt sie Vernatsch (auf italienisch Schiava), ist die häufigste Rotweinrebe und wird zu Weinen wie Kalterersee oder St. Magdalener gekeltert.
In Deutschland schätzen ihn die Württemberger, für die er auch große wirtschaftliche Bedeutung hat. Der Trollinger ist ein gefälliger Wein mit einer leichten Bitternote und meist ein paar Gramm Restzucker.

Touriga Nacional

Die kleinbeerige Sorte ist die edelste Portugals und bildet die Basis aller guten Portweine. Sie ergibt dunkle, tanninreiche, hochkonzentrierte, geschmacksintensive Rotweine; der bekannteste ist der Dão.

Zinfandel

Was für Südafrika Pinotage, ist für Kalifornien Zinfandel: der eigenständige Beitrag zu den großen Rotwein-Rebsorten der Welt. Aus dieser Traube können ganz unterschiedliche Weine gekeltert werden. White Zinfandel ist ein süßer, blasser Wein; der typische und charaktervollste Wein aber ist von tief purpurroter Farbe, mit Johannisbeer-Nase und würzigem Brombeergeschmack.

Wein-Tageshöchstmengen

Alkoholgehalt (Vol.-%)	**für Männer** (in dl)	**für Frauen** (in dl)
10	3	2,1
10,5	2,8	2
11	2,7	1,9
11,5	2,6	1,8
12	2,5	1,8
12,5	2,4	1,7
13	2,3	1,6
13,5	2,2	1,5
14	2,2	1,5
14,5	2,0	1,4
15	2,0	1,4
15,5	1,9	1,3
16	1,9	1,3

Die Tageshöchstmenge richtet sich nach dem Alkoholgehalt eines Weins und geht von einer Dosis von höchstens 21 cl reinem Alkohol wöchentlich aus, wie sie von der britischen Medizinischen Gesellschaft für einen gesunden, durchschnittlichen, mittelgewichtigen Mann vorgeschlagen werden. Für Frauen gelten um 30 % tiefere Werte.

Benutzung der QuickInfo-Card

Damit Sie sich rasch informieren können, haben wir diesen praktischen Schieber für Sie entwickelt. Beispiel: Was für ein Wein ist Dão? Ziehen Sie den Schieber nach rechts, bis im Sichtfenster unten die 10 erscheint. Auf der »Gesundheitsseite« finden Sie jetzt Angaben z.B. zu Herkunft, Polyphenol- und Alkoholgehalt, beim »Genuss« zu Rebsorte, Trinktemperatur und zur Wein-Charakteristik.